Udo Robert Riegger

Keine Angst vor großen Tieren

- politisch -

Bibliographische Information der Deutschen Nationalbibliothek:
Die Deutsche Nationalbibliothek verzeichnet diese Publikation in der Deutschen Nationalbibliografie; detaillierte bibliografische Daten sind im Internet über http://dnb.dnb.de abrufbar.

Herstellung und Verlag
BoD – Books on Demand, Norderstedt

ISBN: 978-3-7357-5752-4

Der Autor:

„Das reale Leben hat die Satire längst schon überholt.“

Sein Weg ist sein Ziel. Und als er sich darauf begab, war ihm das nicht bewusst. Udo Robert Riegger, Jahrgang 1958, seine Interessen und Vielseitigkeit brachten ihn beruflich zum Maschinenbaumeister, Elektrotechniker, Betriebswirt, Ergotherapeuten und in die freiberufliche Gesundheitsberatung und privat u.a. bis ans Ende (nein, eigentlich bis an den Anfang) dieser Welt. Beruflich wie privat kreuzen Menschen aller Couleur seinen Weg und hinterlassen Eindrücke, die ihn zu menschlichen, politischen und tierischen Texten inspirieren.

„Ich schreibe, weil es mir Spaß macht und etwas in meinem Inneren mich dazu auffordert. Formulierungen über Zusammenhänge, Begebenheiten, Erfahrungen oder Empfindungen entwickeln sich in mir und machen einfach Laune. Insbesondere, wenn die Muse mich völlig überraschend küsst. Das kann am helllichten Tage oder in tiefschwarzer Nacht sein. Nicht selten lese ich dann erstaunt das, was sich vor mir auf dem Papier zusammen gefunden hat. Jedes Mal aber löst es eine innere Zufriedenheit aus und das sichere Gefühl, dass es richtig ist.“

Keine Angst vor großen Tieren

- politisch -

Unsere absurde Politik-Wirklichkeit
bekommt ein Gesicht

in

- politisch -

von

Udo Robert Riegger

**Das Lachen als Muntermacher –
Das Nachdenken als Mutmacher**

Widmung

Für die Lebensfreude

Inhalt

Souverän

Du – und Souverän?!?
grinst hämisch
der Politiker zum Kritiker
und gäääähnt

Ich bin der Souverän
wiederholt der Bürger

Und!?
spottet der Politiker weiter
stell´ dich erst mal hinten an
Mann

als Souverän
bin *ich* Entscheider
und *du* Politiker
ein Mitarbeiter

das ich nicht lache

huhuhu

das kannst du

alle vier Jahre tun

bis dahin

hab´ ich auszuruh´n

nun geh´

an deine Arbeit

Bürger

halt mich nicht ab

von meinen Freuden

äh äh Pflichten

die

mir auferlegt

mitnichten

muss verwalten

deine Leistungen mit Frist

sehen

was noch abzugeben

möglich dir ist

muss Gesetze ändern

formulieren

vertreten das Politikum

das mir sichert

meinen Reichtum

äh äh

Verantwortung

die ich nun trag

nach deiner Wahl

hast mir vier Jahre Zeit verschafft

- muss grade kichern -

mich zu bereichern

äh äh

abzusichern

äh

mir alles zu besorgen

für mein Leben

nach dem Morgen

äh äh

natürlich

für deine Rechte zu sorgen

ich muss auch sichern

meine Diäten

äh äh

deine Prioritäten

Pensionen sichern

vor den Renten

um

äh

Schäden abzuwenden

drum

sei vernünftig Bürgerlein

denn

das System in das

du geboren bist hinein

bevorteilt nun mal mich

und meinesgleichen

und

für *uns* gut zu sorgen

ist Aufgabe

von deinesgleichen

ach Bürgerlein

dass in der Verfassung

es ist geschrieben

schwarz auf weiß

und ich genau

wie du es weiß

wird´s dadurch

für dich noch härter

als hart

weil

von **uns** Parteien

niemals zugelassen

der Souverän

von *deiner* Art

nun geh´

mach dich vom Acker

sei brav

und weiterhin so wacker

und lass

mich

hier

weiter harren und scharren

wir sehen uns dann wieder

in 4 Jahren

***

Nomen est Omen

Da lässt sich Adenauer

durch Kohl mal eben klonen

der

verkümmert Ost und West

verliert am Ende

seinen Anstands-Rest

versaut

den Europäischen Gedanken

weil

vorschnell und betrügerisch

er Länder wild zusammenmischt

und

seiner Eitelkeit zum Trotze

hängt an Europa jetzt

die Rotze

Recht und Gesetz

für jedermann

als Feld bestellt

doch Kohl

sich dick und fett

darüber stellt

bildet parteiintern

mit Gifttinktur

die erste

kollektive Diktatur

als Lieblingsspeise

für ihn die Macht

und für das Volk gedacht

dunstig aufgeblasen hohl

den Kohl

da erscheint

sich selbst

als unvermeidlich haltend

ein letzter Freigeist

bei den Alten

doch

wird er schnell

durch Machterhalt

sehr sehr verhalten

der Grundgedanke

des Sozialen

des Miteinanders

wird verfeinert

und durch den Schredder

„durchgeschrödert"

neu zerkleinert

gesinnungsneu

unternehmerisch

wirkt Schröder am Volk

verräterisch

er stellt die Weichen für sich

und *seine* Reichen

und nicht an Volkesstatt

so werden viele

ihm Vertrauende

trotz Arbeit

nicht mehr satt

stellt ein

den Superminister Clement

der richtet ein

das Arbeitsmarkt-Elend

betrügt der Arbeit

ehrlicher Lohn

grinst dabei

hinterhältig breit mit Hohn

wird reich und reicher

durch jede

Arbeitnehmerentlassung

erfreut sich

an seinem System

der Arbeitnehmerüberlassung

der Männerschäden

jetzt genug

nach Streitigkeit

hofft das Volk

und setzt auf Weiblichkeit

denkt

dass weibliche Intelligenz

gepaart mit

femininer Intuition

spart

an vernichtender Munition

doch

weit gefehlt

denn die Große Koalition

wird eingebremst

durch Nicht-Aktion

und durch Merkel

alleine

mit der Blüte der Macht

wird lange nichts hervorgebracht

die Kreativenergie

parteiintern

trifft nur

auf weiblichen Eitelkeitskern

und ist dem Geist der Merkel fern

sie

schafft sie ab

die Konstruktiven

und ihr Niveau sinkt

unter „ferner liefen"

so wird jahrelang

herumgewerkelt

im wahrsten Sinne

rumgeferkelt

das Land am Boden

und verhauen

Volk ohne Geld

und kein Vertrauen

schlussendlich

ausgemerkelt

die Schuldenlast

war nie so groß

die Menschen

verlieren ihren Trost

die Existenz wird illusorisch

- Zukunft -

abgelehnt kategorisch

sozial

stürzt Deutschland ab

ins Bodenlose

weil

Merkel bestimmt
als herrische Alternativlose

das Land erstickt
im politisch
und moralischen Müll
zum Überdecken
reicht lang nicht mehr
der Merkel Tüll

die Pseudopolitik der Frauen
stiehlt wie die der Männer
nur Vertrauen

Deutschland, Deutschland
sag mir Deutschland
wo sind deine Dichter
und wo sind deine Denker

an deiner Spitze

herrschen nur noch Henker

sie hängen den Kleinen

und lassen ihn verbluten

und reden ihm ein

es sei zu seinem Guten

dann kam der Nächste

schon gerannt

glaubte

dass

das Volk ihm zugewandt

wollt´ mit ihm aus dem Vollen schöpfen

und erzählte

doch nur von alten Zöpfen

das Volk hätte lernen müssen

mit oder ohne Grauen

auch dieser Schwätzer

hätte es nur verhauen

du deutsches Volk

ganz im Vertrauen

deine Steinbrücken

kannst du auch selber bauen

werde dir bewusst

dass

du schon mündig

setz´ dein Verstand ein

und werd´ fündig

du bräuchtest

diese Repräsentativen nie

die sich aufführen

schlimmer wie Vieh

Du

kannst dich

doch selbst verwalten

mit Phantasie und Akribie

entscheide dich

für

Die Direkte Demokratie

***

Unmoralisches Erbe

Moralisches Erbe

ist

was ich gebe

bevor ich sterbe

das

sagte sich weniger ein Kohl

als er sich selbst befohl

sich zu widersetzen

den Gesetzen

das ganze Volk

nahm´s wahr

und mit Entsetzen

wie er

auf Lüge und Betrug bestehend

hat die ganze Welt gesehen

er schickte aus

ganz öffentlich

das extremste Zeichen

dass

Recht und Gesetz

nicht gelten müssen

für seinesgleichen

dies despotische Signal

ging um die ganze Welt

bestärkte jene

die bereits schon setzten

über die Moral das Geld

in *seinem*

pseudo-demokratisches System

von selbsternannten Patriarchen

und selbstgefälligen Monarchen

stellten seine Mitläufer

und Lohnlakaien

so die Weichen

dass

Recht und Gesetz

ihn

konnten nicht erreichen

diese Unmoral und Schande

gingen

nicht nur durch politische Lande

sie zersetzten auch Moral

und ehrbares Begehren

in wirtschaftlichen Unternehmen

manch Manager sagte sich

nun auch

entgegen

dem Gefühl im Bauch

ist doch egal

ich steh´ jetzt *auch*

über der Moral

und nach und nach

und mehr und mehr

übt´ nun

auch die nachfolgende Politik

immer weniger

moralische Selbstkritik

doch

Menschen die mehr als peinlich

war´n berührt

wie Eltern und Pädagogen

die Kinder und Jugendliche

ins Leben lotsen

durften

nicht mal richtig motzen

konnten

innerlich nur kotzen

oder sich erbrechen

über dieses

demokratisch gefühlte Verbrechen

entgegen

den vielen Menschen im Lande

die ausgesetzt

unsäglichem Frust

sich der unfassbaren

Ungerechtigkeit bewusst

freuen sich nun diejenigen

die glücklich aufhüpfen

weil

für sie wie gemacht

die Unmoral

für alle Zeit bestätigt

von politischer Macht

sie können jetzt

alles öffentlich tun

ohne innerlich zu wanken

und ohne mahnende Schranken

darüber

freuen sich wirklich sehr

manch´ Bänker in ihren Banken

denn

sie setzen sich jetzt

noch

mehr hinweg

über

menschliche Existenzen

und

überwinden skrupellos

mit Nahrungsmittel-Poker

neue Grenzen

und vieles, vieles

was danach noch kam

wird gerechtfertigt mit Eigennutz

und ohne Scham

so hinterließ nur

ein einziger

selbstgerechter sich selbst

verherrlichender Mann

das unmoralischste Erbe

das ein

demokratisch

genannter Staatsmann

überhaupt

nur hinterlassen kann

denn

nun steht vor der Moral

legitim

und gänzlich ohne Zier

die selbstgerechte Gier

***

Die Frau vom Staatsmann

Die Frau vom Staatsmann

zeigt

was sie kann

wie viele Frauen in diesem Land

geht sie mutig und engagiert

die sich ihr stellenden Aufgaben an

und führt

ist

Mutter

Ehefrau

Repräsentantin

rund um die Uhr

Schirmherrin

und Patin

mit Leidenschaft pur

sie

ist der einzig wahre Kumpel

für ihren Staatsmann

mit dem sie

in *seinen*

schwierigen Runden

gerne überbrückt

die schweren Stunden

ihre Aufgaben geht sie an

mit Mut und Ehrlichkeit

spendet viel Energie

und Herzlichkeit

durch ihr Engagement

und ihre Empathie

erfährt sie im ganzen Lande

viel ehrlich gemeinte Sympathie

die Frau vom Staatsmann

nun

geht nur noch eingebunden

in ihre *eigenen* Runden

sich öfter

dennoch

zwischendurch nun frägt

welch´ Politik

ihr Mann da trägt

stellt ernüchternd fest

und bindend

dass

sie auf der anderen Seite

sich befindet

nach und nach

muss sie Kompromisse eingehen

doch

mehr und mehr

kann sie diese unwürdige Politik

nicht mehr hören

und nicht mehr sehen

ihr innerer Verriss

zieht ihre Nerven blank

das moralische Herz

die helfende Hand

fühlen sich nur noch krank

die Frau vom Staatsmann

nun

kann mit schwerem Herzen

ihre geliebte Arbeit nicht mehr tun

will sein

von der Politik ihres Mannes

frei

die

nur noch beinhaltet

Bestechlichkeit und Heuchelei

will irgendwie

aus dem Verriss heraus

doch

bekommt sie nur noch mehr

Kritik im eigenen Haus

tief traurig

und fremd sich schämend

empfindet sie die Öffentlichkeit

und selbst das Sonnenlicht nur grämend

gepeinigt

von gar schönem Licht

fühlt sie sich lebenswürdig nicht

ermattet und erschöpft

geht sie mit sich zu streng ins Gericht

fühlt sich in Dunkelheit

auch nicht geborgen

entschließt sich

für den kommenden Morgen

selbst und endgültig

zu beenden

ihre Sorgen

***

Ich will

Ich will hier rein

schrie er am Zaun

und wollte

voll dazwischen hau´n

weil

ein Politiker und freier Mann

von unten kommend

alles kann

doch später

als er dann regierte

und nur nach Macht und Zigarren gierte

in feinsten Stoffen

sich selbst an sich besoffen

wurd er nach und nach

von seinen Eitelkeiten

übertroffen

dann

schrie ein anderer

Ich Kanzler will

und das nicht weniger schrill

trug die gleichen Farben auf dem Zwirn

und auch sonst

nichts Neues in seinem Hirn

wollt auch

am liebsten basta sagen

doch weit gefehlt in jenen Tagen

denn

was er hatte zu sagen

schlug einem nicht nur auf den Magen

und sein künstlich wirkend

soziales Pathos

ließ Scham

und Unbehagen nicht mehr los

es tauchte auf

nochmals diese *eine* Frau

die sagte zwar nicht

Ich will

doch das war man gewohnt von ihr

sie verhält sich meistens still

man dachte

Gott sei Dank

als zwischen maskulinen

Niederungen

sie

hatte ihren ersten Sieg errungen

doch

Jahre später

braucht es keine

böse Zungen

um zu erkennen

dass

außer ihren

hormonellen Grundlegungen

gab´s keine Änderungen

das demokratische Rad

wird dran gehindert

sich zu regen

wird sich *so*

auch nicht mehr

schnell bewegen

wir müssen uns

als Volk

nun

selbst die Frage stellen

ob wir

in solchen Systemen

zukünftig

menschenwürdig

leben können

entgegen

der Meinung

nicht nur

dieser *nochmals* Frau

die´s nochmals schaffte

sich hoch zu hieven

gibt es sehr sehr gute

und bewährte

Systemalternativen

so könnten wir

als Volk zukünftig

mit Herz und Geist

und ganz vernünftig

bevor wir

das alte verfilzte Rad

das für uns

ohnehin ohne Ertrag

mühselig

dreh´n und drehen

auch mal

in eine andere Richtung sehen

um dort

mit großer Sympathie

sie

zu wählen

Die Direkte Demokratie

wir

als Volk

sind aufgerufen nun

weil

mal ehrlich

es gibt jede Menge zu tun

deshalb lasst uns

gemeinsam rufen

ohne Streit und Grollen

Wir wollen!

***

Verschleierung

Verschleierung

Verschleierung

sie tanzt

mit Bauchtanz

dich ins Delirium

sie tanzt vermerkelt

im leichten Tüll

der gut verdeckt

was eh´ keiner sehen will

hab Acht

und verwerkel dich nicht

in ihrem Schleier

denn

bist du maskulin

fehlen dir hernach die Eier

glaubst du

du wärst feminin genug

entleert sie dich

in einem Zug

passiert es doch

und du verschwindest

in ihrem schleierigen Nest

versuch

dich oben hoch zu halten

rutsch

keinesfalls in Bauches Falten

denn dort

wirst du verpresst

und gelangst

zum politisch aussortierten Rest

gerätst du

versehentlich

in ihr

na

sagen wir

privates Recht

halt ihn zurück

den Rausche

in Gänze

sonst

nimmt sie dich aus

wie schon

frühere Weihnachtsgänse

wie

kann man sich nun schützen

vor solchem Tanze

der doch

mehr Schaden verursacht

im Ganzen

erinnert euch

an den Verstand

der jedem gegeben

in diesem Land

wendet euch ab und um

ignoriert die Verschleierung

lasst sie alleine

sich um sich drehen

der stinknormale Alltag

und die Geschichte

ihr werdet sehen

werden sie verwehen

***

Arm in Rente

Rente, Rente

Rente, Rente

keine Zeitungsente

Ente

kleiner Bürger musst

dich versorgen

schließe ab

Verträge für das Morgen

hast du Glück

dann

kriegst du siebzig

hast du Pech

dann

halt nur vierzig

fragst du mich

geht´s um Talente

nein

es geht hier um Prozente

gehörst du

zu der Arbeitsschar

die ab sich rackert

Jahr um Jahr

produktiv

sich kümmert

aktiv

nur zuckt

wenn´s geht

ums Bruttosozialprodukt

und das alles

niemals frech

dann

hast du Pech

Glück

hast du dann

und wirst siebzig erhalten

wenn du

auf deren Seite bist

die

dich verwalten

dann

hast du geschafft

was viele bereits erleben

nehmen nehmen nehmen

und wenig geben

und der

der positiv nur denkt

und sagt

sie verwalten

um zu vermeiden

negative Salden

und dass

sie sich kümmern

in einem fort

der hat anscheinend verloren

jedweden

geistigen Komfort

denn s*ie*

die jetzt dein Geld verwalten

haben nur noch Schmalz im Ohr

schau´n dir blöde

in die Augen bald

zucken

nur die Schultern kalt

die umhüllt

mit teurem Gewandte

das *du* bezahlst

in diesem Lande

kein offenes Ohr

für *deine* Renten-Illusionen

denn

Versorgungs-Intentionen

hegen sie nur

für *ihre*

von *dir* bezahlten

üppigen Pensionen

anstelle

die Renten zu fördern

mit Steuergeldern

stopfen sie damit

noch und nöcher

die von ihnen selbst

sinn- und hirnlos

aufgerissenen Löcher

fragst du sie

nach Gerechtigkeiten

in Prozente

dann gähnen sie gelangweilt

und sagen

- na wenn schon

wirst halt arm in Rente -

***

Politisch korrekt

Politiker

politisch korrekt

schau´n sich erst mal um

was schmeckt

mit Dreistigkeit

und breitem Grinsen

greifen sie

zum Kaviar schlicht

vom Festbankett

und aus Karossen

gaffen sie in dein Gesicht

Eitel

lustvoll

selbstverliebt

tanzen sie im Spiegelsaal

in der Hand

den besten Perlwein

und im Kopf

imperial

feiernd

lebend

nur sich selbst

verpflichtend

den Bürger haltend für naiv

sorgt sich jeder dort um jeden

im politisch korrekten Kollektiv

und mit ihren Gesichtern

wie Masken fahl

werden sie zur Qual

nach der Wahl

Politiker

politisch korrekt

schau´n sich erst mal um

wo´s eckt

dabei geht´s *nicht*

nach bestem Wissen

nicht um Versprechungen

am Wähler-Portal

es geht auch *nicht*

nach ehrlichem Gewissen

und schon gar nicht

nach der Moral

Prämisse

hat die Meinungsbildung

zum Wohle

eigener Vermögensbildung

Politiker

politisch korrekt

schau´n

SIE

doch mal hin

wo´s dreckt

satt mit fetten Bäuchen

und Gekicher

wird eigener Prunk

höchst abgesichert

und

im Bewusstsein

des Glückes

das sie haben

bei Fehlern

und bei großem Schaden

nur die politische Verantwortung zu tragen

können

und tun sie

sichtlich unbeschwert

mit arrogantem Lachen

mehr als ein Mal nur

im großen Stile

scheitern und versagen

Politiker

politisch korrekt

schau´n

SIE

doch mal hin

wo´s fleckt

die vermeintlich weiße Politiker-Weste

welch ein Graus

nützt und schützt

wo den Bürger ereilt den Garaus

sich eingeschmiert

mit Unlauterkeits-Creme

besudeln sie den Bürger

mit Sprüchen

wie

er mache sich´s bequem

lehnen sich selbst

genüsslich zurück

und fühlen sich sicher

in *ihrem* System

Politisch korrekt

warum

noch Respekt

vor Machtbessenen

und Rechts-Missbrauchern

vor Windhunden

und Fähnchenträgern

vor Wichtigtuern

und Schaumschlägern

vor Volksverdummern

und Lobbytänzern

vor Amtsmissbrauchern

und Bundestag-Schwänzern

vor Busengrabschern und Plagiatoren

schließen wir die Narrentore

ändern das System

und führen sie alle zurück

ins *reale* Leben

Dankbarkeit

werden sie uns dafür nicht geben

brauchen wir auch nicht

denn **Wir** sind das Volk

- eben -

***

nicht witzig

Gerne würde ich

Witziges hier formulieren

über die Politik

und deren irren Wirren

doch

leider geht´s

wie früher nimmer

als die Politiker noch Demokraten

und diskutierten

mit dem Volk beratend

sich beschrieben ließen

über dumm und dümmer

und die Übertreibungen

von schreibender Meute

sie noch ärgerten

schlimmer als heute

doch

über Jahre die Regeln nun geändert

wie auch immer

stärkten sie ihre Macht

und gehen heute

ohne Diskussionen

für Entscheidungen

ins Hinterzimmer

so fallen

demokratische Möglichkeiten weg

mehr Intelligenz einzusetzen

auf diesem Weg

um den furchtbar hoffnungslosen

Alternativlosigkeiten

mit Provokation

und Innovation zu entgleiten

Regierende

werden gefährlich surreal

entwickeln sich zurück

im Geiste

gar brutal

zu den niedrigsten Instinkte der Tiere

und identifizieren sich

nach und nach

nur noch

mit ihrer eigenen Satire

aus aufrichtig sozialen

und verantwortungsvollen

demokratischen Ringern

wurden sie

zu hoch bezahlten

nicht ungefährlichen

Spinnern

weltfremde Spinner

waren dabei

schon immer

doch wo man früher

witzig konnte übertreiben

muss man heute

in der Realität verbleiben

sagte der Bürger früher

schlimmer geht´s immer

sieht heute

ein jeder betröppelt ein

schlimmer

darf´s nimmer

das ist nicht witzig

auch nicht gerade noch

denn

nicht wenige

verlieren Haus und Hof

und die die´s trifft

finden´s mehr

als nur doof

oder

alternativlos

und entgegen

manchen Politikern

deren paar

findet das auch

die gesamte Bürgerschar

und die Behauptung

die da kommt

aus finanziell

sehr gut abgesicherten

aber politisch

und geistigen Niederungen

dass

Armut gar nicht passiert

wirft die Frage auf

gehört in diesen geistigen Untiefen

vielleicht ein Gehirn massiert

denn

die Armut

passiert so selten nicht

schau dir nur an

die Zerbröselung

der Mittelschicht

weil

auch die Schulden

müssen die nur tragen

die nach Gewinne

dürfen nicht mal

denkend fragen

so hinterlassen die Politiker

der neueren Skulpturen

zwar Schäden

aber keine

Verantwortungs-Spuren

sie hinterlassen nur

nach ihrer

sich selbst

üppig vergoldeter Amtszeit

und anschließender finanziell

fortwährender Luxus-Kur

wirtschaftlich

politisch

und soziale

Drecksarbeit

in Reinkultur

mit Steuergeldern

und fraglichen Schatzkisten

höchst abgesichert

und willkommen

bei ihren Lobbyisten

vielleicht noch

mit einem Orden am Band

stehen sie nun schmunzelnd

als Geduldete

bei ihren Reichen

am Gesellschaftsrand

freudig lachend

und mit noch mehr

fehlendem

gesunden Menschenverstand

betrachten sie nun

gemeinsam ihre Werke

und sind sich einig

über die

noch zu erringenden Volkes-Werte

so gehen sie es an

eher spaßig kühl als hitzig

und das ist

egal wie man es betrachtet

nicht witzig

***

Euroland

Euroland

du Vaterland

von vielen Guten

wirst regiert

von wenigen Luden

kannst dich nicht

so recht erwehren

kannst dir nicht sichern

geistigen Halt

weil

die Guten

nicht glauben

an Gewalt

recht so

doch

muss der Gute sich besinnen

dass *er*

in Überzahl bewohnt

das

was allen zusteht

und nur

die Luden

sich davon nehmen

soviel

wie eben geht

werd´ dir bewusst

du Eurovolk der Guten

du bist stark und du hast Kraft

entziehe dem Bösen

was es oben hält

entziehe ihm

dein Geld

schließ dich zusammen

treib sie fort

nutze deine Macht

an jedem Ort

denn sicher ist

dein Geldvorrat wird reduziert

du glaubst

es bliebe dir genug

am Ende wirst du doch verstehen

die Luden nehmen es

und gehen

***

Satire

Ich möchte bitte zur Satire

sehr gerne

bitte diese Türe

durchgegangen und empfangen

zeigt man mir dann ohne Zier

diese Nachricht hier:

eine Brücke frei und frank

steht stolz erbaut

dem Steuergeld sei Dank

doch weder drunter

rechts noch links

führt eine Straße an das Dings

wer glaubt

die Brücke stünd´ auf Halde

würd´ transportiert in Balde

der irrt

denn sie steht im Walde

fest verankert

isoliert

nicht das Reale will ich treffen

ich möchte bitte zur Satire

sehr gerne

bitte diese Türe

durchgegangen und empfangen

zeigt man mir dann ohne Zier

diese Nachricht hier:

eine Frau mit über 90zig Jahr

liegt in der Klinik auf dem Tische

wird untersucht nur wische wische

der Untersucher

sah

doch die Beiden

konnt´ aber

links und rechts nicht unterscheiden

amputiert das falsche Bein

sieht zu spät den Fehler ein

amputiert das zweite noch

ich glaub´s nicht

gibt es ein größeres A…?

nicht das Reale will ich treffen

ich möchte bitte zur Satire

sehr gerne

bitte diese Türe

durchgegangen und empfangen

zeigt man mir dann ohne Zier

diese Nachricht hier:

kleine Menschenkinder

wurden friedlich übergeben

um

bei sogenannten Gottesmännern

guten Glaubens in Obhut

und in Schutz zu leben

mit Gottessegen und Vertrauen

wurden die Kinder

nicht nur verhauen

nein

die Gottesmänner

mit scheinheiligem Heiligenschein

drangen tief und brutal

in jedes junge Leben ein

kein Schutz und kein Glaube

wurden den Kindern geschenkt

ihre Körper

Geist und Seelen

wurden einfach nur gesprengt

- wie bös religiös -

nach Klagen

der Betroffenen

über Jahrzehnte mit Pein

sahen die Gerichte

und die Gesellschaft ein

es kann nicht alles

Kindeslüge sein

doch

die überführten kriminellen

Gottesmänner

die höchst perversen

Kinderschänder

mussten sich nur still verhalten

und wurden so noch

vom Gesetz gehalten

weil

so viel Zeit war nun vergangen

und die Kindesschreie

schon verhallten

mussten die Geschändeten

in Volkes Namen

den „*guten Ruf*" der Schänder

jetzt bewahren

weil

die Misshandlungen schon verjährt

sonst ihnen selbst

höhere Strafe widerfährt

wo

waren sie nun die gewählten

Volksvertreter und Vertreterinnen

die uns schützen sollen

als Bürger und als Bürgerinnen

und

allen voran

der Gesellschaft Kinder

die sich in Obhut

ja nicht wehren können

wenn Vergewaltiger

und Misshandler

sie sich sexuell pervers

mal eben gönnen

kein gewähltes Bundestagsmitglied

auch kein christliches

kam auf die Idee

zu ändern die Gesetze

in Nützlicheres

dass

es nicht mehr geschehen kann

ohne Strafe

Böses und Abscheuliches

unseren Kleinen wird so angetan

nein, nein, nein

im Gegenteil

die Perversionsabsichten

nur weiter nähren

damit die barbarischen Taten

können weiterhin verjähren

wohlan

ihr Gottesmänner

Politiker und Politikerinnen

webt weiter mit

am Netz

der kriminellen Spinnen

oder

wacht auf

seht euer Leben ist Satire

ohne menschlich Stolz und Ehre

und euer Credo

alles verraten für die politische Karriere

versteht ihr so

den Auftrag

von uns Bürger und Bürgerinnen

versteht ihr so

unser Vertrauen in euch

schämt und besinnt euch

seht ihr Politik und Religion

denn nur noch als Geldquelle

und Menschenlohn

dann

wird es wirklich höchste Zeit

dass

WIR

euch entlassen

für alle Ewigkeit

nicht das Reale wollt´ ich treffen

doch so stand ich da

gebückt

bereit mich zu übergeben

und verstand ganz allgemein

das politische und religiöse Leben

holte längst schon die Satire ein

***

Es stinkt

Benutzt euer Herz und euren Verstand

und schaut sie euch an

die Würdenträger

die Halsabschneider

die Seelenjäger

wie sie fett und fetter werden Jahr um Jahr

weil sie niemandem nichts gönnen

und

sich von allem viel zu viel nehmen

selbst vom Abgemagertsten gar

nicht dass

sie füllen ihre Bäuche nur

nein, nein

in ihre Geldbörsen wandern die Euros

wie an einer Schnur

die Motivation dafür

ob geistlich oder politisch

ist am größten bei denen

die sich da nennen

christlich

wer aber

Wasser predigt

und

Wein doch trinkt

der *mindestens* nach

Alkohol stinkt

***

Arschgeier

Ein tierischer Geier

so wie wir ihn kennen

verbringt den Tag schon mal mit pennen

doch sind wir uns auch voll bewusst

dass er trotzdem beobachtet

möglichen Genuss

er frisst das Aas ganz öffentlich

und ist dabei zufrieden

auch wenn´s nur das ist

was andre übrig ließen

so in etwa

auch der menschliche Geier

der allerdings

sein Tun gern verschleiert

entgegen

dem Geier in freier Natur

ist er als Arschgeier

zu nennen nur

ein Beispiel aus jüngster Vergangenheit

bringt gesund Entwickelte in Verlegenheit

so ward ein zwar hässlicher

aber durchschnittlich begabter

Finanzberater

über Drückerkolonnen

zu erheblich viel Geld gekommen

doch

dieser Reichtum

war ihm nicht genug

er wollte den ganz ganz großen Coup

aber

um aufzuspringen auf diesen Zug

musste er

wie wir alle wissen

mit den Politikern pissen

mit dem Pissen

ist´s jedoch nicht getan

jetzt geht´s erst richtig weiter

dies wissend

positioniert er sich als Geier

nun sagen wir mal

neutral

am Arsch vom

Politiker Meyer

er wartet und wartet

an diesem Orte

bis sie sich öffnet

diese letzte Pforte

und wie die tierischen Geier

lauern dem Aas

sitzen auch die menschlichen Geier

in Gruppen vorm Arsch

unser Finanzberater

muss sich behaupten

zwischen den Großen und den Kleinen

um das was herauskommt

beiseite zu schieben

um als erster

seinen Kopf

hinter den Verschluss zu kriegen

nebenbei plagt ihn ein Traum

von einer Frau

mit flauschig weichem Lippenflaum

er nimmt sich vor

ist sein Kopf erst wieder aus diesem

übelriechenden Becken

wird er ihn auf duftend weißen Laken

neben dem ihren betten

sein Mund

wird nie verraten

wo er hier hat gesessen

er wird sich nur

auf ihre weichen Lippen pressen

in der Hoffnung

dass

nicht verrät der Geruch von Gas

seine Akzeptanz für menschliches Aas

doch nun zurück

zum geldgierigen Machtparcour

natürlich schafft er´s mit Bravour

sein Kopf flutscht rein

Vergnügen pur

und

dem Politiker

nun wohl bekannt

arbeiten sie zukünftig Hand in Hand

der Politiker doch

dumm in seiner Eitelkeit

fällt beim Finanzberater in Abhängigkeit

darauf gewartet

und menschlich am Arsch

bläst dieser jetzt

dem Politiker Meyer

den Marsch

***

Danke

für diesen

gemeinsamen Spaziergang

Liebe Leserin
Lieber Leser

Für Dich

Bist du verzagt an manchen Tagen
findest keine Antwort auf Fragen über Fragen

glaubst alles hat doch keinen Sinn
sagt eine Stimme dir wirf dich doch hin

fühlst dich wie aus ´nem Flugzeug fallend
hörst dich selbst auf den Boden knallend

in diesen Momenten diesen schweren
will ich dir, mehr als Trost, Gewissheit bescheren
die ohne mein Zutun kommt aus höheren Sphären

wirf einen Blick auf mein Signum nun
und gib deinen Gedanken danach Zeit zu ruh´n

denn eines morgens als ich erwacht
wusst´ ich dies Kürzel ist dazu gedacht

in Englisch zwar kurz und prägnant
möchte ich´s dir geben an die Hand

egal was andre von dir denken
egal wie sie dein Leben lenken
egal ob sie dich irritieren
egal ob sie dich kritisieren
egal ob sie dich mit Füßen treten
egal ob sie zu Götzen beten
egal ob ihre Lügen lassen dich erbeben
-
You Are Right in diesem Leben!

Von Udo Robert Riegger bisher erschienen:

Keine Angst vor großen Tieren - menschlich - 1
Nur auf den Humor ist noch Verlass
ISBN 978-3-7357-6133-1

Keine Angst vor großen Tieren - menschlich - 2
Nur auf den Humor ist noch Verlass
ISBN 978-3-7357-7513-9

Keine Angst vor großen Tieren - politisch - 1
Unsere absurde Politik-Wirklichkeit bekommt ein Gesicht
ISBN 978-3-7357-5752-4

Keine Angst vor großen Tieren - politisch - 2
Unsere absurde Politik-Wirklichkeit bekommt ein Gesicht
ISBN 978-3-7357-7499-6

Keine Angst vor großen Tieren - tierisch - 1
Tier im Mensch und umgekehrt
ISBN 978-3-7357-5843-9

Keine Angst vor großen Tieren - tierisch - 2
Tier im Mensch und umgekehrt
ISBN 978-3-7357-7497-2

Kaleidoskop Mensch 1
Aus dem Leben - Für das Leben
Wahr oder nicht wahr, entscheiden Sie selbst.
Kurzgeschichten.
Jede für sich eine Perle mit faszinierenden Überraschungen
und spannenden Wendungen.
ISBN 978-3-7357-7508-5

Alle Erscheinungen auch als E-Book erhältlich.